LA
FRANCE CHARITABLE
ET PRÉVOYANTE

TABLEAU DES ŒUVRES ET INSTITUTIONS

DU DÉPARTEMENT DE LA

NIÈVRE

Publié par les soins de l'Office central des OEuvres de bienfaisance,
reconnu d'utilité publique par décret du 3 juin 1896,
175, boulevard Saint-Germain.

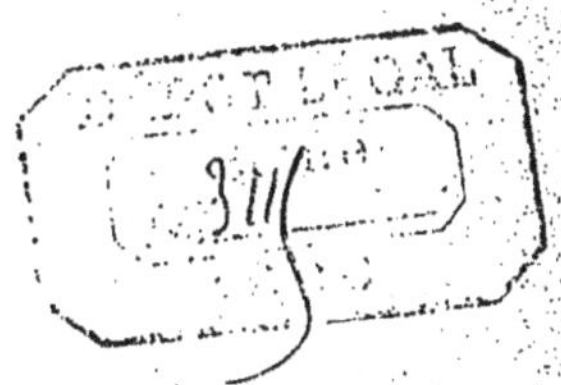

PARIS

LIBRAIRIE PLON

E. PLON, NOURRIT et Cie, IMPRIMEURS-ÉDITEURS

RUE GARANCIÈRE, 10

1896

OFFICE CENTRAL

DES

ŒUVRES CHARITABLES

175, Boulevard Saint-Germain

EXTRAIT DES STATUTS
I. But de l'Association.

ARTICLE PREMIER.

L'Association d'assistance libre, dite « Office central des Œuvres charitables », fondée en 1890, a pour but de rendre l'exercice de la charité plus efficace, de faire connaître aussi exactement que possible l'état de la misère et les œuvres destinées à la soulager, de discerner et de propager les moyens les plus propres à la prévenir et à la combattre. Elle a son siège à Paris.

ARTICLE 2.

Elle se propose d'atteindre ce but :

1° En procédant à une enquête permanente sur les œuvres charitables de toute nature qui existent en France et sur les services qu'elles peuvent rendre ;

2° En les reliant, en fournissant des indications sur ces œuvres et en servant d'intermédiaire auprès d'elles ;

3° En recueillant des renseignements sur les pauvres ;

4° En provoquant la création d'œuvres d'assistance et notamment d'assistance par le travail, et en aidant à leur développement ;

5° En facilitant le rapatriement des individus susceptibles de trouver des moyens d'existence hors de la capitale, et en multipliant, à cet effet, le nombre de ses correspondants ;

6° En échangeant des informations et des services avec les œuvres charitables établies à l'étranger, en faisant connaître les différents systèmes d'assistance et leurs résultats pratiques ;

7° En propageant les institutions de prévoyance et notamment en facilitant les assurances ouvrières.

CONSEIL D'ADMINISTRATION
Président :

M. le **marquis DE VOGUÉ**, membre de l'Institut, ancien ambassadeur. Vice-président de la Société française de secours aux blessés militaires.

Vice-Président :

M. **Georges PICOT**, membre de l'Institut. Président de la Société française des habitations à bon marché ; président de la Société d'apprentissage des jeunes orphelins ; membre du conseil d'administration de la Société philanthropique.

Secrétaire général fondateur :

M. **Léon LEFÉBURE**, ancien député. Membre du conseil de l'Œuvre des jeunes garçons incurables ; président d'honneur de la Société générale de patronage des libérés, etc.

Trésorier :

M. **Maurice DAVILLIER**, banquier. Directeur de la Caisse d'épargne de Paris.

Vice-Trésorier :

M. **L. BRUEYRE**. Membre du conseil supérieur de l'Assistance publique ; administrateur délégué de l'Orphelinat du faubourg Saint-Antoine, 254 ; membre du conseil de direction de l'Œuvre du sauvetage de l'enfance, etc.

M. le **marquis DE FOUCAULT** (secrétaire du conseil d'administration).

M. le prince **D'ARENBERG**, député. Président de la Société philanthropique.

M. **AUBURTIN**, maître des requêtes au Conseil d'Etat.

M. Henry **BERTRAND**, avoué près la Cour d'appel. Assistance par le travail.

M. Jean-Rémy **CHANDON DE BRIAILLES**.

M. E. **CHEYSSON**, inspecteur général des ponts et chaussées. Membre du conseil supérieur de l'Assistance publique; vice-président de la Ligue nationale de prévoyance et de mutualité, et de l'Union des Sociétés de patronage en faveur des prisonniers libérés.

M. **DE CRISENOY**, ancien conseiller d'Etat. Président du comité de l'Union d'assistance du XVIe arrondissement.

M. Amédée **DANGUILLECOURT**. Administrateur de la Société philanthropique.

M. A. **DELAIRE**. Secrétaire général de la Société d'économie sociale; vice-président de la Société générale de patronage des libérés.

M. le marquis **DE GANAY**. Président de la Société des amis de l'enfance.

M. Fernand **GIRAUDEAU**. Membre du conseil de l'Hôpital libre du Perpétuel secours.

M. le marquis **DE GOUVELLO**, ancien député. Président de la Société de patronage des orphelinats agricoles.

M. A. **GUILLOT**, membre de l'Institut, juge d'instruction au tribunal de la Seine. Secrétaire général fondateur du Comité de défense des enfants traduits en justice; vice-président de la Société de patronage pour les jeunes détenus et les jeunes libérés du département de la Seine.

M. le comte **D'HAUSSONVILLE**, de l'Académie française. Président de la Société de protection des Alsaciens-Lorrains demeurés Français.

M. le général **HUMANN**, délégué de l'Œuvre de la Miséricorde.

M. Nathaniel **JOHNSTON**, ancien député. Membre de la Société de secours aux blessés militaires.

M. Léon **LALLEMAND**, correspondant de l'Institut.

M. Étienne **LAMY**, ancien député. Membre du conseil d'administration des Fondations Galliera (orphelinat, maison de retraite).

M. Eugène **LECOMTE**, agent de change honoraire. Membre du Comité de l'Œuvre de l'hospitalité du travail.

M. le baron **DE LIVOIS**. Président fondateur de l'Œuvre de l'hospitalité de nuit.

M. Eugène **MARBEAU**, ancien conseiller d'Etat. Président de la Société des crèches; vice-président de la Société philanthropique.

M. **PÉAN DE SAINT-GILLES**, notaire honoraire. Vice-président de la Société philanthropique.

M. Albert **RIVIÈRE**, ancien magistrat. Secrétaire général de la Société générale des prisons; membre du conseil de l'Union des Sociétés de patronage en faveur des prisonniers libérés; membre du conseil de la Société de protection des engagés volontaires.

M. **RIVOLLET**, conseiller à la Cour des comptes. Membre du bureau d'administration de la Société de secours mutuels du VIIIe arrondissement.

M. le baron **F. DE SCHICKLER**. Président du Comité de direction de la Société des ateliers d'aveugles.

M. Jules **SIMON**, de l'Académie française, sénateur. Président de l'Union française pour la défense ou la tutelle des enfants maltraités ou en danger moral (Sauvetage de l'enfance); président de la Société d'encouragement au bien, etc.

M. Maurice **DE LA SIZERANNE**. Secrétaire général de l'Association Valentin Haüy, pour le bien des aveugles.

M. **STOURM**, ancien inspecteur des finances.

M. le vicomte **DE VILLIERS**. Vice-président du conseil d'administration de la Colonie de Mettray.

Administrateur :

M. Alphonse **BÉCHARD**, ancien préfet.

Membres décédés depuis 1890 :

M. le comte **DE LAUBESPIN**, sénateur. Fondateur de la Maison de travail pour les hommes.

M. **MAMOZ**. Fondateur de l'Œuvre d'assistance par le travail.

M. le docteur **MARJOLIN**, de l'Académie de médecine, chirurgien honoraire des hôpitaux. Président de la Société protectrice de l'enfance.

M. le duc **DE MORTEMART**. Président du Conseil de l'Œuvre des jeunes incurables.

M. le baron **ROZE**. Membre du Conseil de la Société centrale des naufragés.

NOTE PRÉLIMINAIRE

La « France charitable et prévoyante » se compose : 1° de la série des fascicules départementaux ; 2° d'une Récapitulation générale par nature d'œuvres.

Une notice, placée en tête de la publication, définit le rôle de l'Office central des œuvres charitables, l'objet, le cadre et la méthode de l'enquête qu'elle a organisée pour dresser l'inventaire de la France charitable et prévoyante, les concours qu'elle a utilisés, et les sources auxquelles elle a puisé ses renseignements. Les personnes qui veulent s'éclairer sur ces divers points sont priées de se reporter à cette notice.

Chaque fascicule départemental se publie à part : il embrasse à la fois les œuvres de l'assistance publique et celles de l'assistance privée, sans s'engager sur le terrain de l'instruction primaire, sauf en ce qui concerne les *écoles maternelles*, qui, par certains côtés, touchent à l'assistance infantile. Il comprend aussi les œuvres de prévoyance, mais avec certaines restrictions destinées à limiter l'étendue de la publication.

Ainsi, il présente une situation complète pour les sociétés coopératives de consommation, de construction et pour les caisses d'épargne. Quant aux institutions de patronage et aux sociétés de secours mutuels et de retraite, leur nombre était trop considérable pour qu'on pût songer à les mentionner toutes. Aussi s'est-on borné à donner, pour chacun de ces groupes distincts, les chiffres d'ensemble afférents au département, et de consacrer une inscription nominative exclusivement à celles de ces institutions qui ont été récompensées à l'une des Expositions d'économie sociale de Paris en 1889, de Lyon en 1894, et de Bordeaux en 1895.

On n'a pas cru devoir admettre non plus, dans le cadre du tableau, même à l'état de simple rappel, — malgré leur intérêt considérable à d'autres points de vue, — les sociétés coopératives de crédit ou de production, et les syndicats agricoles, qui n'ont pas semblé se rattacher d'une façon assez directe à l'objet de l'enquête.

Les œuvres sont classées par arrondissement (1). Chacune d'elles est accompagnée d'une notice très condensée qui la définit par ses traits essentiels. Elle ne constitue ni une recommandation, ni un jugement, mais un simple renseignement de fait, tel qu'il a été fourni par l'enquête.

Malgré le soin extrême avec lequel ces tableaux ont été dressés et revisés, il est inévitable qu'ils contiennent quelques erreurs. Aussi leurs rédacteurs font-ils appel aux critiques du public pour les améliorer, en vue d'une édition ultérieure.

(1) Les arrondissements sont séparés par le signe 〰〰

La publication de la *France charitable et prévoyante*, donnant le tableau des Œuvres et Institutions des départements, sera complète en 90 fascicules environ, paraissant chaque semaine.

PRIX DU FASCICULE : **50** CENT.

PRIX DE LA SOUSCRIPTION A L'OUVRAGE COMPLET : **35** FR.

Les fascicules seront envoyés *franco de port* aux souscripteurs, au fur et à mesure de leur mise en vente.

Le tableau des *Œuvres et Institutions de Paris et du département de la Seine* fera l'objet d'une publication séparée dont le prix sera fixé ultérieurement.

TABLEAU

DES

OEUVRES ET INSTITUTIONS

DE LA

NIÈVRE

I

ENFANCE ET ADOLESCENCE

ŒUVRES DE MATERNITÉ

Hôpital de Nevers. (Voir, plus loin, *Hôpitaux et hospices.*) — Reçoit gratuitement les femmes indigentes de la ville, enceintes, à partir du neuvième mois de leur grossesse. Reçoit également et assiste les enfants dont les mères sont hospitalisées.

Société de charité maternelle, à Nevers. — *Reconnue établ. d'util. publ.* en 1862. — Assiste les femmes mariées indigentes en couche et leur enfant nouveau-né ; leur distribue des médicaments, des vêtements, du lait, etc.

Société de charité maternelle, à Cosne. — Même objet.

ÉCOLES MATERNELLES (ou SALLES D'ASILE)

32 écoles maternelles dans le département : 10 publiques, dirigées par des laïques ; 22 privées, dirigées par des religieuses.

Écoles maternelles publiques, à :

Nevers (deux). — Direction laïque.

Cosne (deux). — Direction laïque.
La Charité. — *Id.*
Prémery. — *Id.*
Saint-Amand. — *Id.*
Clamecy. — *Id.*
Lormes. — *Id.*
Varzy. — *Id.*

Écoles maternelles privées à :

Nevers (trois). — Dirigées par les *Sœurs de la Charité et de l'Instruction chrétienne* (de Nevers).
Cercy-la-Tour. — *Id.*
Decize. — *Id.*
La Machine. — *Id.*
Saint-Saulge. — *Id.*
Cosne. — *Id.*
Donzy. — *Id.*
Prémery. — *Id.*
Entrains. — *Id.*
Lormes. — *Id.*
Châtillon. — *Id.*
Moulins-Engilbert. — *Id.*
Planchez. — *Id.*
Vandenesse. — *Id.*
Fourchambault (deux). — L'une dirigée par les *Sœurs de la Charité et de l'Instruction chrétienne*, l'autre par les *Sœurs de la Sainte-Famille* (de Besançon).
Pougues. — Dirigée par les *Sœurs de la Sainte-Famille* (de Besançon).
Corbigny. — Dirigée par les *Religieuses Ursulines*.
Mesves. — Dirigée par les *Sœurs de Saint-Joseph* (de Bourg).
Vielmanay. — *Id.*

ENFANTS ASSISTÉS

Au 1er janvier 1893, 24 enfants assistés de la Nièvre étaient dans un hospice ; — 289 étaient placés à la campagne ; — 320 secourus à domicile.

Chaque année, en vertu d'une délibération du mois d'août 1896, le Conseil général de la Nièvre met à la disposition de l'inspecteur des enfants assistés une somme de 50,000 francs pour être répartie entre les enfants légitimes que leurs parents, indigents ou trop chargés de famille, ne pourraient élever sans ce secours.

ORPHELINATS DE FILLES

Orphelinat de Sainte-Marie, à Nevers (26, rue Saint-Martin). — Fondé, en 1843, par Mgr Dufêtre. — Dirigé par les *Sœurs de la Charité et de l'Instruction chrétienne* (de Nevers). — Reçoit de 7 à 11 ans et garde jusqu'à 21 ans de jeunes orphelines, moyennant une somme de 300 francs en entrant. Leur apprend la lingerie, le repassage, le ménage. Les place comme ouvrières ou femmes de chambre. — 66 places.

Orphelinat du Refuge, à Varennes-lez-Nevers (par Pougues-les-Eaux). — Fondé, en 1840, par Mgr Dufêtre. — *Autorisé*. — Dirigé par les *Sœurs de la Charité et de l'Instruction chrétienne* (de Nevers). — Reçoit les filles à 10 ans et les garde jusqu'à 21 ans et même au delà, si elles le veulent, moyennant une somme de 300 francs en entrant, et, autant que possible, une pension annuelle de 150 francs jusqu'à 18 ans. Leur apprend la lingerie, le repassage. Les place comme ouvrières ou femmes de chambre. — 80 places.

Orphelinat de Saint-Saulge. — Dirigé par les *Sœurs de la Charité et de l'Instruction chrétienne* (de Nevers). — Reçoit les filles moyennant 150 francs par an. Leur apprend la lingerie et les soins du ménage. — 12 places.

Orphelinat de l'hospice de Château-Chinon. — Fondé ou plutôt reconstruit en 1868. — Dirigé par les *Sœurs de la Charité et de l'Instruction chrétienne*, sous la surveillance de la commission de l'hospice. — Reçoit gratuitement à un âge variable et garde jusqu'à 21 ans les filles orphelines, abandonnées ou indigentes (engagement à prendre). Les place comme domestiques ou ouvrières. — 8 places.

Orphelinat de l'Association des orphelins de Château-Chinon, à Maux (par Sainte-Péreuze). — Fondé en 1861. — Dirigé par les *Sœurs de l'Enfant-Jésus* (du Puy). — Reçoit de 3 à 16 ans et garde jusqu'à 21 ans les filles orphelines, abandonnées, indigentes ou en danger. La pension annuelle est de 200 francs, mais elle est gratuite pour 12 enfants de l'arrondissement soutenus par le bureau de l'Œuvre. Leur apprend la couture et le ménage. Les place comme bonnes, cuisinières ou femmes de chambre. — 27 places.

OUVROIRS

ŒUVRES DE PRÉSERVATION

Asile de Notre-Dame de Lourdes, à Nevers (70, rue Sainte-Vallière). — Fondé en 1882. — Dirigé par les *Sœurs de Marie-Joseph* (du Dorat). — Reçoit, depuis 12 ans, des filles délaissées ou exposées, orphelines, les plus indigentes gratuitement, les autres moyennant une pension de 15 francs par mois. Leur apprend la lingerie, le blanchissage, le tricot, etc. Rémunère les plus laborieuses en formant un petit pécule qui leur est remis à la fin de l'année. — 36 places.

Refuge du Bon-Pasteur, à Varennes-lez-Nevers (par Pougues). — Fondé en 1849. — Dirigé par les *Sœurs de la Charité et de l'Instruction chrétienne* (de Nevers). — Reçoit, à titre de *préservées* : 1° des jeunes filles recueillies et adoptées par l'*Hôpital de Nevers*, qui les y fait entrer à 8 ans, les y maintient jusqu'à 21 ans, en payant pour elles une pension annuelle de 246 francs; 2° des jeunes filles qui y sont placées par leur famille ou des bienfaiteurs, moyennant une pension variable, et qui peuvent y rester même après 21 ans. — 80 places.

Une *Œuvre de persévérance*, distincte de la précédente, quoique soumise à la même direction, a pour but de préparer à la vie religieuse les anciennes *orphelines* ou *préservées* du *Bon-Pasteur*, qui s'y destinent.

II

AGE ADULTE

INSTITUTIONS DE PRÉVOYANCE

ÉPARGNE

Caisse d'épargne de Nevers, *autorisée* en 1834.
Succursale à *Prémery* (1888).

Caisse d'épargne de Château-Chinon, *autorisée* en 1859.
—   —   **de la Charité,** *autorisée* en 1844.
—   —   **de Clamecy,** *autorisée* en 1837.
Succursales à : *Varzy* (1863), — *Corbigny* (1864), — *Lormes* (1872), — *Tannay* (1874), — *Saint-Révérien* (1889).

Caisse d'épargne de Cosne, *autorisée* en 1845.
—   —   **de Decise,** *autorisée* en 1861.
—   —   **de Luzy,** *autorisée* en 1877.
—   —   **Moulins-Engilbert,** *autorisée* en 1872.

Au 1er janvier 1894, ces diverses caisses comptaient ensemble 46,853 livrets. Les versements qui y avaient été effectués en 1893 s'élevaient à 6,417,474 fr.

Au 1er janvier 1893, il existait dans le département de la Nièvre 107 *Caisses d'épargne scolaires* qui comptaient 1,463 livrets représentant la somme de 34,900 fr. de dépôts.

14,128 dépôts, montant ensemble à 2,750,445 francs, ont été faits, en outre, en 1893, à la *Caisse nationale d'épargne,* par des habitants de la Nièvre.

La Fourmi, société en participation d'épargne, fondée en 1879, à Paris, ayant obtenu une *Médaille d'or* à l'Exposition universelle de 1889. — Agences à : **Nevers, — la Charité-sur-Loire, — Saint-Pierre-le-Moutiers, — Saint-Saulge.**

SECOURS MUTUEL

29 sociétés de secours mutuels *approuvées,* dans le département (au 1er janvier 1893), comptant ensemble 575 membres honoraires, 4,950 membres participants, et possédant un avoir total de 590,587 francs.

7 sociétés *autorisées,* comptant 5 membres honoraires, 295 membres participants, et possédant un avoir de 5,428 francs.

RETRAITE

Sur les 29 sociétés de secours mutuels *approuvées* du département, 19, au 1er janvier 1893, avaient des fonds de retraites s'élevant à 525,579 francs.

Elles servaient 228 pensions montant ensemble à 10,383 francs.

Au 1er janvier 1894, 1,612 habitants de la Nièvre étaient inscrits à la *Caisse nationale des retraites pour la vieillesse* pour une rente totale de 131,953 francs, soit une moyenne de 82 francs.

SOCIÉTÉS COOPÉRATIVES DE CONSOMMATION

8 sociétés dans le département :

Nevers. — Agents de la Compagnie Paris-Lyon-Méditerranée. — Boulangerie.

Cercy-la-Tour. — Société coopérative des employés de la Compagnie Paris-Lyon-Méditerranée.

Decize. — Boulangerie la Nationale.

Fourchambault. — Boulangerie des Forges de la Chaussade.

Guérigny. — Société coopérative.

Pont-Patin. — Boulangerie.

Prémery. — Coopérative.

OEUVRES DE PRÉSERVATION

Asile de Notre-Dame de Lourdes, à Nevers. (Voir plus haut.) — Reçoit, moyennant une pension modique, des servantes sans place.

OEUVRES DE RÉHABILITATION

Société de patronage des libérés, à Nevers. — Fondée en 1881. — Assiste matériellement et moralement les détenus à leur sortie de prison.

SECOURS AUX INDIGENTS

Bureaux de bienfaisance. — En 1892, 78 bureaux dans le département, 4,743 assistés, 190,155 secours accordés.

Société de Saint-Vincent de Paul. — Visite les indigents, leur distribue des secours en nature.

3 conférences à **Nevers.** — Dont la première fondée en 1842.

*Conférence d'***Anlezy.** — Fondée en 1868.
    —   *de* **Cosne.**
    —   *de* **Château-Chinon.**

Association de Dames de charité, à Nevers. — Assistées par des *Sœurs de la Charité.*

Maison de Miséricorde, à Lurcy-le-Bourg. — Dirigée par les *Sœurs de Saint-Vincent de Paul.*

SECOURS AUX MALADES

HOPITAUX ET HOSPICES

Dans tout le département, 788 lits d'hôpitaux ou d'hospices, dont 314 pour malades civils, 189 pour militaires, 242 pour infirmes, incurables ou vieillards. Malades traités pendant l'année 1893 : 2,948.

Infirmes, incurables ou vieillards hospitalisés au 1er janvier 1894 : 223.

Hôpital-hospice de Nevers. — Fondé au XIIe siècle. — Desservi par les *Sœurs de la Charité et de l'Instruction chrétienne* (de Nevers). — Reçoit gratuitement les malades indigents de la ville, et, aux frais de leurs communes respectives, ceux des cantons de *Nevers*, — *Pougues*, — *Saint-Saulge* (moins la commune de *Rouy*) et des communes de *Fleury-sur-Loire*, — *Saint-Ouen*, — *Beaumont-Sardolles*, — *Billy-Chevannes*, — *Cizely*, — *la Fermeté*, — *Limon*, — *Montigny*, — *Saint-Benin d'Azy*, — *Saint-Firmin*, — *Saint-Jean-aux-Amognes*, — *Saint-Sulpice*, — *Trois-Vèvres*, — *Luthenay-Uxeloup*, — *Tintury*, — *Beaumont-la-Ferrière*, — *Moussy*, — *Oulon*, — *Prémery*, — *Sichamps*. — 450 lits, dont 60 pour militaires; plus quelques chambres particulières pour malades payant de 3 à 5 francs par jour.

Hôpital de Dornes. — Desservi par les *Sœurs de la Charité et de l'Instruction chrétienne.* — Reçoit gratuitement les malades indigents de la commune, et, aux frais de leurs communes respectives, ceux du canton (moins les communes de *Cossaye*, — *Lamenay* et *Tresnay*). — 11 lits.

Hôpital de Decize. — Desservi par les *Sœurs de la Charité et de l'Instruction chrétienne.* — Reçoit gratuitement les malades indigents de la commune, et, aux frais de leurs communes respectives, ceux des cantons de *Decize* (moins les communes de *Fleury-sur-Loire* et *Saint-Ouen*), — *Fours* (moins les communes de la *Nocle-Maulaix*, — *Saint-Seine* et *Ternont*), et ceux des communes d'*Aulezy*, — *Diennes*, — *Franay-Reugny*, — *Fertrève*, — *Ville-lez-Anlezy*, — *Rouy*, — *Cossaye* et *Lamenay*. — 12 lits.

Hôpital de Saint-Pierre-le-Moutier. — Desservi par les *Sœurs de la Charité et de l'Instruction chrétienne.* — Reçoit gratuitement les malades indigents de la commune, et, aux frais de leurs communes respectives, ceux du canton (moins les communes de *Luthenay-Uxeloup* et *Tresnay*). — 18 lits.

Hôpital de Cosne. — Desservi par les *Sœurs de la Charité et de l'Instruction chrétienne.* — Reçoit gratuitement les malades indigents de la commune, et, aux frais de leurs communes respectives, ceux des cantons de *Cosne*, — *Saint-Amand* (moins la commune de *Bouhy*), et ceux des communes de *Saint-Andelain*, — *Saint-Laurent*, — *Saint-Martin*, — *Saint-Quentin* et *Tracy*. — 15 lits.

Hôpital de Donzy. — Desservi par les *Sœurs de la Charité et de l'Instruction chrétienne* (de Nevers). — Reçoit gratuitement les malades indigents de la commune, et, aux frais de leurs communes respectives, ceux du canton de *Donzy* et ceux des communes de *Sully-la-Tour* et *Bouhy*. — 12 lits.

Hôpital de la Charité. — Desservi par les *Sœurs de la Charité et de l'Instruction chrétienne*. — Reçoit gratuitement les malades indigents de la commune, et, aux frais de leurs communes respectives, ceux du canton de *la Charité* (moins la commune de *Beaumont-la-Ferrière*), et ceux des communes de *Bulcy*, — *Garchy*, — *Mesves-sur-Loire*, — *Pouilly-sur-Loire*, — *Vielmanay*, — *Arbourse* et *Dompierre-sur-Loire*. — 18 lits.

Hôpital de Château-Chinon. — Desservi par les *Sœurs de la Charité et de l'Instruction chrétienne*. — Reçoit gratuitement les malades indigents de la commune, et, aux frais de leurs communes respectives, ceux des cantons de *Château-Chinon*, — *Montsauche* (moins la commune de *Saint-Agnan*), et ceux des communes d'*Achères*, — *Alluy*, — *Aunay*, — *Bazolles*, — *Châtillon en Bazois*, — *Chougny*, — *Dun-sur-Grandry*, — *Mont-et-Maré*, — *Ougny* et *Tamnay*. — 72 lits.

Hôpital de Luzy. — Desservi par les *Sœurs de la Charité et de l'Instruction chrétienne*. — Reçoit gratuitement les malades indigents de la commune, et, aux frais de leurs communes respectives, ceux du canton de *Luzy* et ceux des communes de *la Nocle-Maulaix*, — *Saint-Seine* et *Ternant*. — 12 lits.

Hôpital de Moulins-Engilbert. — Desservi par les *Sœurs de la Charité et de l'Instruction chrétienne*. — Reçoit gratuitement les malades indigents de la commune, et, aux frais de leurs communes respectives, ceux du canton de *Moulins-Engilbert* et ceux des communes de *Biches*, — *Brinay*, — *Limanton* et *Montigny*. — 14 lits.

Hôpital de Clamecy. — Desservi par les *Sœurs de la Charité et de l'Instruction chrétienne*. — Reçoit gratuitement les malades indigents de la commune, et, aux frais de leurs communes respectives, ceux du canton de *Clamecy* et ceux des communes de *Beuvron*, — *Grenois*, — *Amazy*, — *Asnois*, — *Dirol*, — *Fletz-Cuzy*, — *la Maison-Dieu*, — *Lys*, — *Metz-le-Comte*, — *Ruages*, — *Saint-Didier*, — *Saint-Germain des Bois*, — *Talon*, — *Teigny*, — *Vignol* et *Entrains*. — 24 lits.

Hôpital de Corbigny. — Desservi par les *Sœurs de la Charité et de l'Instruction chrétienne*. — Reçoit gratuitement les malades indigents de la commune, et, aux frais de leurs communes respectives, ceux du canton de *Corbigny* (moins les communes de *Gâcogne*, — *Mhère* et *Vauxclaix*), et ceux des communes de *Montceaux-le-Comte*, — *Moissy-Moulinot*, — *Asnan*, — *Challement*, — *Dompierre-sur-Héry*, — *Germenay*, — *Guipy*, — *Héry*, — *Moraches*, — *Vitry-Laché*. — 6 lits.

Hôpital de Lormes. — Desservi par les *Sœurs de la Charité et de l'Instruction chrétienne*. — Reçoit gratuitement les malades indigents de la commune, et, aux frais de leurs communes respectives, ceux du canton de *Lormes* et ceux des communes de *Gâcogne*, — *Mhère*, — *Vauclaix*, — *Neuffontaine*, — *Nuars*, — *Saint-Aubin-les-Chaumes*, — *Saizy* et *Saint-Agnan*. — 15 lits.

Hôpital de Varzy. — Desservi par les *Sœurs de la Charité et de l'Instruction* *chrétienne*. — Reçoit gratuitement les malades indigents de la commune, et, aux frais de leurs communes respectives, ceux du canton de *Varzy* (moins la commune d'*Entrains*), et ceux des communes d'*Anthien*, — *Beaulieu*, — *Brinon*, — *Bussy-le-Pesle*, — *Champallement*, — *Chazeuil*, — *Chevannes-Chanzy*, — *Corvol d'Embernard*, — *Michaugues*, — *Neuilly*, — *Neuville-sous-Brinon*, — *Saint-Révérien*, — *Arthel*, — *Arzembouy*, — *Champlemy*, — *Champlin*, — *Giry*, — *Lurcy-le-Bourg*, — *Montenoison* et *Saint-Bonnot*. — 24 lits (1).

Hôpital privé d'Agriez. — Desservi par les *Sœurs de la Charité et de l'Instruction chrétienne*. — Reçoit gratuitement les malades indigents de la commune. — 5 lits.

Hôpital privé de Moraches. — Desservi par les *Sœurs de la Charité et de l'Instruction chrétienne*. — Reçoit gratuitement les malades indigents de la commune. — 4 lits.

SECOURS AUX MILITAIRES ET AUX MARINS

Société de secours aux blessés. — Comité à : **Nevers.** — Assiste, en temps de guerre, les militaires blessés ou malades; secourt, en temps de paix, les anciens militaires blessés, leurs veuves et leurs orphelins.

Association des Dames françaises. — Comités à : **Nevers,** — **Cosne,** — **la Charité-sur-Loire.** — Assiste, en temps de guerre, les militaires blessés ou malades; secourt, en temps de paix, les victimes des désastres publics.

MAISONS DE RETRAITE ET DE SANTÉ

Maison des Sœurs de l'Espérance, à Nevers. (Voir ci-dessous.) — Reçoit des dames, moyennant une pension variant de 1,200 à 1,400 francs par an.

SOIN ET GARDE DES MALADES A DOMICILE

Maison des Sœurs de l'Espérance, à Nevers (rue du Cloître-Saint-Cyr). — Fondée en 1845. — Soignent les malades à domicile, moyennant une rétribution.

Maison du Bon-Pasteur, à Varennes-lez-Nevers. — Assiste à domicile les malades indigents et leur distribue gratuitement des médicaments, en vertu d'une fondation spéciale (*Fondation Vertpré*, 1853).

INCURABLES

Hospice des incurables, à Nevers. — Desservi par les *Sœurs de la Cha-*

______

(1) Les circonscriptions hospitalières indiquées ci-dessus ont été fixées par le conseil général de la Nièvre, en exécution de la loi du 15 juillet 1893.

rité et de l'Instruction chrétienne. — Reçoit gratuitement des incurables des deux sexes et de tout âge, ainsi que des vieillards. — 120 lits pour les uns et les autres.

ALIÉNÉS

Asile départemental de la Charité-sur-Loire. — Desservi par les *Sœurs de la Charité et de l'Instruction chrétienne.* — Reçoit des aliénés des deux sexes placés d'office par l'administration, ou placés par leur famille, moyennant une pension variant de 1 fr. 25 (pour les habitants de la Nièvre), de 1 fr. 50 pour les autres à 4 francs par jour.

Comptait, au 1er janvier 1893, 493 aliénés (223 hommes, 270 femmes).

III

VIEILLESSE

ASILES DE TOUTE NATURE POUR LES VIEILLARDS

Maison des Petites Sœurs des pauvres, à Nevers. — *Autorisée* en 1864. — Reçoit gratuitement les vieillards indigents des deux sexes, âgés de 60 ans au moins. — 110 lits.

Hôpital de Nevers. (Voir, plus haut, *Hôpitaux et hospices.*) — A deux salles de 16 lits réservés à des vieillards indigents.

Hospice des incurables, à Nevers. (Voir, plus haut, *Incurables.*) — Reçoit gratuitement des vieillards des deux sexes.

Maison des Sœurs de Nevers, à Saint-Saulge. — Reçoit, moyennant une pension modique, des vieillards indigents. — 4 lits.

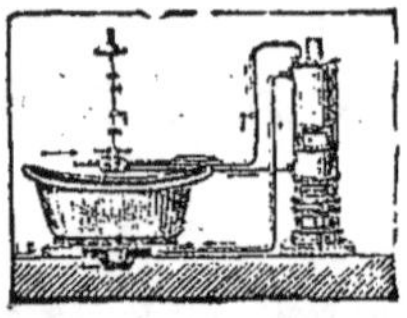

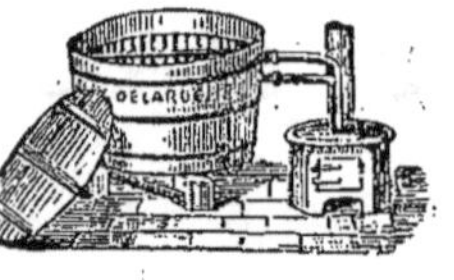

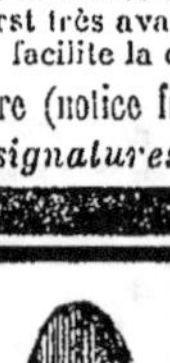